VIE ABRÉGÉE

DE

SAINTE MARGUERITE

DE CORTONE

DU TIERS-ORDRE DE St FRANÇOIS D'ASSISE

SUIVIE

D'UNE NEUVAINE ET DE PRIÈRES EN SON HONNEUR

PAR

LE R. P. MARIE, DE BREST

COMMISSAIRE GÉNÉRAL DE TERRE SAINTE ET PROCUREUR

DES MISSIONS FRANCISCAINES

FÊTE : LE 22 FÉVRIER

SEPTIÈME ÉDITION

PARIS

LIBRAIRIE VEUVE MAGNIN et FILS

RUE HONORÉ-CHEVALIER, 3

1889

VIE ABRÉGÉE

DE

SAINTE MARGUERITE

DE CORTONE

DU TIERS-ORDRE DE St FRANÇOIS D'ASSISE

SUIVIE

D'UNE NEUVAINE ET DE PRIÈRES EN SON HONNEUR

PAR

LE R. P. MARIE, DE BREST

COMMISSAIRE GÉNÉRAL DE TERRE SAINTE ET PROCUREUR
DES MISSIONS FRANCISCAINES

FÊTE: LE 22 FÉVRIER

SEPTIÈME ÉDITION

PARIS

LIBRAIRIE VEUVE MAGNIN et FILS

RUE HONORÉ-CHEVALIER, 3

1889

APPROBATION

Nihil obstat ex parte Ordinis quominus impri-
matur.

Romæ, die 26 Februarii 1886.

Fr. BERNARDINUS Min. glis.

PRÉFACE

Depuis la diffusion du Tiers-Ordre de N. P. François, la dévotion à sainte Marguerite de Cortone s'est propagée. — Cette illustre pénitente, autrefois inconnue en France, y est devenue l'objet d'un culte spécial.

Désirant étendre de plus en plus cette dévotion, je me suis décidé à composer ce petit opuscule qui se divisera en deux parties.

La première fera connaître les vertus pratiquées par la Sainte; ce sera un abrégé de sa vie sur cette terre.

La seconde contiendra une neuvaine de considérations et de prières en l'honneur de cette gloire de l'Ordre Séraphique. Plaise à Dieu que ce petit livre se répande avec profusion! Alors seront accomplis les désirs du Souverain Pontife Léon XIII, qui, dans son audience du 18 Mai 1878, me disait : « Continuez, mon Fils, à propager la dévotion à sainte Marguerite; elle est appropriée aux temps actuels. Nous avons besoin de pardon; cette illustre pénitente nous l'ob-

« tiendra, si nous la prions avec confiance,
« elle qui a si bien ressenti les effets de la
« miséricorde divine. »

La lecture de la vie de notre héroïne touchera les cœurs en leur montrant ce que l'amour, appuyé sur la grâce, a fait pour réparer un passé douloureux, et elle fera naître le désir de la prier. La neuvaine en facilitera le moyen.

Ne craignez pas, chers lecteurs, de demander par l'intercession de sainte Marguerite de Cortone des grâces spirituelles et même temporelles, pour vous, pour vos parents et vos amis, vivants ou défunts; elle vous les obtiendra.

Demandez avant tout votre persévérance dans le bien, si vous n'avez rien à vous reprocher; suppliez-la de vous obtenir votre conversion, si vous vous sentez coupables. Soyez-en convaincus, vous serez exaucés, si vous vous adressez à elle avec confiance. Elle est si puissante auprès de Dieu, auprès du cœur de Jésus!

VIE DE
SAINTE MARGUERITE
DE CORTONE

DE L'ORDRE DE LA PÉNITENCE

INSTITUÉ PAR

SAINT FRANÇOIS D'ASSISE

Sa fête se célèbre le 22 février dans tout l'Ordre Séraphique.

I

Sainte Marguerite naquit en 1247, à Laviano, bourgade du duché de Toscane. Ses parents étaient d'honnêtes cultivateurs, peu favorisés des biens de la terre. A son baptême, elle reçut le nom de *Marguerite*, mot qui signifie *perle*; présage de sa destinée.

Les premiers soins de sa vertueuse mère furent de lui apprendre à prononcer les doux noms de *Jésus* et de *Marie*. A peine âgée de trois ou quatre ans, le bonheur de cette enfant de prédilection était de prendre entre ses mains le crucifix, de le couvrir de baisers, de le prier avec amour. Hélas! la mort la priva bientôt des conseils de celle qui lui avait donné le jour. Son père, malheureusement pour elle, passa à de secondes noces. Sa belle-mère, au lieu de l'adopter comme sa fille, la prit en aversion, cherchant tous les moyens de la faire souffrir et de l'humilier.

Le séjour de la maison paternelle devenant insupportable pour Marguerite, elle n'eut plus qu'un désir, celui de se soustraire à cette tyrannie. Douée d'une beauté extraordinaire, elle chercha dans les plaisirs du monde un remède à ses maux; elle voulut plaire et elle y réussit. — Un jeune seigneur de Montepulciano, après lui avoir promis le mariage (Marguerite avait alors dix-huit ans), l'emmena dans son château où, peu de temps après, elle donna naissance à un fils.

Malgré le luxe et l'opulence au milieu desquels elle vivait, Marguerite n'était pas heureuse, parce que le flambeau de la foi n'était pas éteint dans son âme. Aussi, poursuivie par le remords, versait-elle parfois des torrents de larmes, et, pour apaiser la justice divine, donnait-elle aux pauvres d'abondantes aumônes.

Au milieu de ses désordres, elle espérait en la miséricorde de Dieu. Les paroles qu'elle adressait aux personnes qui lui reprochaient sa conduite en sont une preuve. « Consolez-vous, disait-elle, parce qu'il « viendra un temps où vous me proclame- « rez sainte. Oui, je serai sainte, et les « peuples viendront à mon tombeau en « habits de pèlerin et portant le bourdon. »

II

Neuf années s'étaient écoulées depuis qu'elle avait quitté la maison paternelle, quand Dieu, par un acte de sa justice terrible et de son infinie bonté tout à la fois, arracha Marguerite à sa vie scandaleuse.

Le jeune seigneur qui l'avait enlevée, fut assassiné en allant reconnaître les limites d'une de ses propriétés. Ses assassins, pour cacher leur crime, traînèrent le cadavre au pied d'un chêne, puis le recouvrirent de branches et de feuilles. Le soir venu, Marguerite fut d'abord étonnée de ne point voir rentrer le maître du logis; puis, la nuit s'écoulant de noirs et tristes pressentiments l'envahirent.

Enfin, le troisième jour après le départ du seigneur, elle aperçut au loin des fenêtres du château, la petite chienne, compagne fidèle du gentilhomme. A cette vue, son cœur tressaille de joie, pensant que son maître devait la suivre. Hélas! l'animal était le messager de la douleur; triste, abattu, il se jette aux pieds de Marguerite en poussant de douloureux gémissements. Il la tire par ses habits, et semble l'inviter à le suivre. Marguerite sort en tremblant; après avoir parcouru un kilomètre et demi sur la route de Pouzzoles, la petite chienne s'élance à travers les buissons et s'arrête sous un chêne. — En présence de sa maîtresse désolée, elle écarte avec ses pattes les feuilles qui recouvraient le cadavre, et Marguerite aperçoit l'objet de sa passion défiguré et en pourriture. A ce spectacle, elle s'évanouit. Revenue à elle, elle ouvre les yeux à la miséricorde divine, qui lui fait comprendre le misérable état de son âme. La vanité des choses terrestres, les jugements de Dieu se présentent à son esprit ; les larmes la gagnent, la grâce la touche, elle se prosterne la face contre terre et se relève convertie.

III

Revenue au château, Marguerite s'empressa de remettre aux parents du défunt tout ce qui lui appartenait, puis, prenant par la main son jeune enfant, elle se remit en route pour Laviano, imitant l'enfant prodigue dans son retour à la maison paternelle. A peine sa belle-mère l'eut-elle aperçue, qu'elle fit défense à son mari de la recevoir ; mais le père, qui aimait sa fille, touché de ses larmes et de son repentir la reçut avec bonté malgré le mauvais vouloir de sa femme.

Marguerite, rentrée au foyer domestique s'appliqua à gagner les bonnes grâces de sa marâtre par son humilité et son empressement à la servir, souffrant avec patience les injures, les mauvais traitements et les privations qui lui étaient imposées, et s'estimant heureuse de pouvoir, par des peines légères, expier ses péchés. Plus Marguerite cherchait à être agréable à cette méchante femme, plus celle-ci la faisait souffrir et plus elle tourmentait son mari pour qu'il chassât de la maison notre pénitente et son fils.

Dieu qui voulait que Marguerite fût la gloire de la ville de Cortone, permit que sa belle-mère réussît dans son mauvais dessein. Chassée de la demeure paternelle, oppressée par la douleur, abandonnée de ses parents, sans pain, sans asile, Marguerite se retira sous un figuier voisin et se mit à pleurer.

Le démon profitant de sa tristesse, vint la tenter; mais Marguerite, pleine de confiance en Celui qui n'abandonne pas ceux qui reviennent sincèrement à lui, recourut au Seigneur par une ardente prière. La réponse du Très-Haut ne se fit pas attendre. Une voix intérieure lui fit entendre ces paroles! « Va à Cortone, mets-toi sous

« la protection des Frères-Mineurs, em-
« brasse le Tiers-Ordre de Saint-François
« et reyêts-en les livrées. »

IV

Quoique bien fatiguée, Marguerite obéit,
et prend aussitôt le chemin de Cortone,
tenant son fils par la main. Arrivée près
des portes de cette ville, Dieu, qui veillait
sur elle, mit sur son passage deux pieuses
dames appelées l'une, Marinaria, et l'autre,
Raneira. En voyant la pâleur du visage de
Marguerite, son air abattu et les larmes qui
coulaient de ses yeux, elles lui demandèrent
si elle avait besoin de quelque chose. Marguerite leur expliqua avec simplicité la position dans laquelle elle se trouvait et leur
raconta l'histoire de sa vie. Son récit excita
la pitié dans le cœur de ces excellentes chré-
tiennes qui l'invitèrent à les suivre dans leur

maison, s'engageant à pourvoir à son entretien et à celui de son enfant.

Eles la recommandèrent en outre aux Religieux Franciscains pour qu'elle pût accomplir ses généreux desseins. Toutefois, les Pères ne voulurent point l'admettre de suite au Tiers-Ordre. Le Gardien donna comme confesseur à Marguerite le Père Giunta qui devait être plus tard le biographe de notre illustre pénitente.

V

Marguerite, ne voulant pas rester toujours à la charge de ses bienfaitrices, s'occupa, pour pourvoir à sa subsistance, à soigner les femmes malades et particulièrement celles que Dieu appelait à la dignité de mère (1).

Marinaria et Raneira placèrent son fils à Arezzo dans un pensionnat d'où il ne sortit que pour revêtir la bure franciscaine et devenir Frère-Mineur.

(1) C'est pour cela qu'elle est invoquée avec efficacité par les personnes qui se trouvent dans cette position.

Marguerite, tout en remplissant son office de charité, ne tarda pas à faire de grands progrès dans la vertu, et à mériter de Dieu des grâces spéciales qui lui faisaient perdre l'usage de ses sens. Une malade la vit un jour ravie en extase et enlevée de terre.

Dès qu'elle eut goûté les douceurs de la contemplation, elle résolut d'aller habiter dans une cabane abandonnée, voisine de la forteresse de la ville. Après bien des instances, elle obtint de ses bienfaitrices la permission d'exécuter son projet, et c'est en ce lieu qu'elle commença à se livrer à ses rigoureuses pénitences.

VI

Pour pourvoir à sa nourriture et à celle des pauvres, elle faisait le tour de la ville en demandant l'aumône de porte en porte. Rentrée chez elle, elle donnait d'abord à ses protégés le pain blanc et les meilleurs aliments qu'elle avait pu recueillir, et ne conservait pour elle qu'un peu de pain noir avec quelques fruits secs ou des légumes, car son jeûne était, pour ainsi dire, perpétuel. Il lui arriva de passer plusieurs jours sans prendre de nourriture, le pain eucharistique lui suffisant.

La terre nue était son lit; une grosse pierre, l'oreiller sur lequel elle appuyait sa tête pendant le court sommeil qu'elle prenait. Flagellations, cilices, macérations, elle n'épargna rien; chaque jour elle cherchait de nouveaux moyens pour tourmenter son corps et satisfaire ainsi à la justice divine.

VII

Affligée des scandales qu'elles avait causés, Marguerite aurait voulu se rendre à Montepulciano pour en demander pardon publiquement en se faisant traîner dans les rues de la ville, la corde au cou et couverte de cendres; mais son confesseur le lui défendit. Il l'empêcha aussi de se couper le nez avec un rasoir pour défigurer ce visage qui avait été la cause de ses chutes.

Le Père Giunta lui permit seulement de se rendre à Laviano où elle vint un jour de fête. Elle entra dans l'église pendant que le peuple assistait à la messe. Elle attendit la fin du sacrifice, puis, se jetant aux pieds de la Comtesse Manentessa, qui l'avait jadis si souvent reprise de ses désordres, pleurant et sanglotant, elle lui dit qu' « elle était cette Marguerite, si coupable « devant Dieu, l'opprobre de sa famille « et le scandale de tout le pays, qu'elle « demandait pardon à tous, et qu'elle les « suppliait de l'aider à obtenir le pardon « de ses péchés. » Ce peu de mots, prononcés avec l'accent du repentir, attendrit les spectateurs et en convertit plusieurs. La pieuse dame émue jusqu'aux larmes, releva Marguerite, lui couvrit la tête de son voile et la conduisit chez elle, laissant l'assistance édifiée d'une telle conduite.

VIII

Après cette action héroïque, Marguerite retourna à Cortone, où elle raconta à son confesseur tout ce qui s'était passé à Laviano. Ensuite elle alla se jeter aux pieds du Père Gardien, le suppliant de l'admettre dans le Tiers-Ordre. Les réponses qu'elle fit aux interrogations du Père l'édifièrent tellement qu'il donna l'ordre de combler ses vœux. Un habit usé et donné par charité à la fervente novice servit pour la cérémonie. C'était en 1277, le Général des Franciscains était alors le Révérendissime Père Jérôme d'Ascoli qui fut plus tard pape, sous le nom de Nicolas IV.

Marguerite, revêtue de l'habit de la pénitence, se crut par là même obligée à mener une vie plus parfaite; elle augmenta la rigueur de ses pénitences et fit des oraisons de plus en plus longues. Elle passait des nuits entières dans la contemplation des mystères de la douloureuse passion. Elle regardait ses péchés comme les bourreaux qui avaient crucifié son Sauveur. Sa conemplation était si élevée, qu'étant un jour appelée pour remplir son office de sage-femme, absorbée par la pensée des souffrances de Jésus-Christ, elle arriva sans s'en apercevoir au bord d'une mare profonde, où elle se fût noyée sans un miracle qui la préserva du danger.

IX

Le Sauveur ne lui avait pas encore, jusqu'à ce moment, adressé la parole. Voulant récompenser sa servante de la ferveur qui l'animait, il lui parla pour la première fois par l'intermédiaire d'un crucifix, devant lequel Marguerite aimait à prier (1).

« Pauvre petite créature, que voulez-« vous ? » lui dit le Sauveur. Sans faire attention au prodige, elle répondit : « Je ne « cherche, je ne veux que vous, ô mon « Jésus ! » Continuant à gémir et à prier,

(1) Ce crucifix se vénère dans le nouveau sanctuaire, bâtie avec les aumônes de la France, de la Belgique, de la Hollande, de l'Italie et du Canada.

elle entendit encore ces paroles : « Sachez
« bien que tous vos bons désirs, toutes vos
« larmes sont des dons de ma bonté ; je
« vous nomme : — ma pauvre petite, —
« afin que vous sachiez que vous n'avez
« rien à vous, si ce n'est vos péchés. »

Une autre fois, elle se plaignit au Sauveur
de ce qu'il ne l'appelait pas sa fille, et lui
demanda ingénument quand elle aurait ce
bonheur ? « Quand vous aurez purifié
« votre conscience par une confession gé-
« nérale de tous vos péchés, » lui répondit
Jésus. Frappée d'une telle réponse, Marguerite, les larmes aux yeux, supplia le
Seigneur d'éclairer son esprit, afin qu'elle
pût connaître tous ses péchés, les bien confesser et en obtenir le pardon. Elle supplia
saint François et sainte Madeleine de se join-
dre à elle pour obtenir cette grâce de Dieu. Sa
prière fut exaucée ; après une confession générale qu'elle fit au père Giunta, dans laquelle elle accusa tous ses péchés avec
leurs circonstances, et qui fut accompagnée
d'un torrent de larmes, elle mérita de devenir un vase d'élection. Après avoir com-
munié selon l'ordre de son confesseur, et
pendant qu'elle témoignait son amour à
l'Hôte divin, elle l'entendit enfin lui donner
ce nom si désiré : « Ma fille ».

X

Le démon, jaloux du bonheur de Marguerite, voulut la troubler, et voici comment. N.-S. Jésus-Christ ayant ordonné à sa servante de recevoir son divin Corps, le jour de la fête de saint Jean l'Évangéliste, lui prescrivit, comme préparation et action de grâces, de garder un silence absolu avec les personnes séculières. Pour la tourmenter, le démon fit répandre dans la ville de Cortone la nouvelle de la mort de son fils qui, par découragement et manque du nécessaire, se serait noyé en se jetant dans un puits. Ce n'est pas tout. Un étranger ayant les traits du maître de l'enfant vint à la fois réclamer à la mère la pension qui lui était due et lui annoncer le malheur.

Malgré les tourments que son cœur maternel éprouva, pour obéir à l'ordre donné par Jésus-Christ, pas un signe de douleur ne fut aperçu, pas une larme ne coula de ses yeux, pas une parole ne sortit de sa bouche. Le faux maître feignant d'être scandalisé, alla trouver les Frères-Mineurs pour se plaindre de Marguerite, la traitant d'inhumaine, d'ingrate et de fanatique. Ceux-ci se joignirent à lui et vinrent à l'oratoire où elle était en prière pour l'engager à parler, mais elle ne rompit pas le silence. Le Seigneur fut si content de son obéissance qu'il la consola par de douces paroles et par l'apparition de la sainte Vierge, accompagnée d'un grand nombre d'anges et de saints. La Reine du ciel, jetant sur Marguerite des regards pleins de miséricorde et de tendresse, lui dit : « je te regarde « et te regarderai toujours avec une affection « particulière, à cause de l'amour véhé- « ment que tu as pour mon divin Fils. Celui « qui le cherche, me cherche, et qui le pos- « sède, me possède. »

Combien fut grande la joie de Marguerite en entendant ces paroles ! Pleine de confiance en Marie, elle lui fit cette demande : « Je vous supplie humblement, ô « Vierge sainte, de prendre sous votre pro- « tection mon pauvre enfant ; car il peut

« dire avec vérité qu'il n'a point de mère!
« je vous le confie donc, pour que, sous
« votre égide, il arrive au port du salut. »
La sainte Vierge lui promit de le prendre
sous sa protection, lui assura de nouveau
qu'il serait Frère-Mineur, qu'il deviendrait
prêtre et excellent missionnaire. En effet,
le fils de Marguerite entra dans l'Ordre
Séraphique, fit des progrès dans la vertu,
grâce aux exemples de sa mère et surtout
à la protection de Marie qui l'avait accepté
pour son enfant; il mourut saintement,
selon la promesse faite à sa mère.

XI

L'amour du prochain est inséparable de
l'amour divin. Marguerite ne pouvant donc
rester oisive à l'égard de ses frères, elle
cherchait à venir en aide, non seulement à
leurs nécessités corporelles, mais aussi à
leurs besoins spirituels, en priant pour eux
et en s'efforçant de les encourager au bien

et par ses discours, et par ses exemples. Elle retirait les uns des sentiers du vice et enflammait le cœur des autres d'un violent désir d'avancer dans la vertu. Sa joie était de se sacrifier pour soigner les infirmes. Lorsqu'une dame tombait malade, on venait en hâte la chercher, tant on appréciait ses soins. Les mères tenaient à ce que leurs enfants fussent présentés sur les fonts baptismaux par Marguerite, dans la pensée que ce serait pour eux un présage de bonheur. Elle remplit cet office avec plaisir, jusqu'au moment où le Seigneur le lui défendit.

Lorsque Marguerite traitait avec les personnes riches, elle ne manquait pas de les engager à faire d'abondantes aumônes aux pauvres, parce qu'ils étaient l'image du Sauveur, qui s'est fait pauvre par amour pour nous. Grâce à ses exhortations, deux nobles personnes, l'une que l'on croit être le seigneur Uguecio Casali, surnommé le saint chevalier, et l'autre une pieuse matrone, nommée Diabella, consacrèrent une grande partie de leur fortune à fonder un hôpital, qui fut appelé *hôpital de la Miséricorde.* Le seigneur fournit tout le mobilier et les autres choses nécessaires pour les besoins des pauvres et des malades, et la dame donna sa propre maison pour servir au but proposé! C'est là l'origine de la fondation de l'hôpital de Sainte-Marie de la Miséricorde, à Cortone.

Cette maison fondée, Marguerite y mit tous ses soins, s'occupant des pauvres qui l'habitaient, se montrant tellement leur mère qu'elle voulait que rien ne leur manquât, et ne permettant pas que la moindre chose fût employée à son usage personnel. Dieu la récompensa de sa charité par de doux entretiens et par l'apparition des saints Anges qui lui parlaient aussi et la protégeaient contre l'ennemi infernal.

Marguerite passa trois ans chez les dames Raneira et Marinaria et dix ans dans sa petite maison, travaillant pour la gloire de Dieu au salut spirituel et temporel du prochain. Dieu, qui voulait l'élever à un degré plus sublime encore de contemplation, lui ordonna de chercher un endroit plus solitaire. « Je te commande, lui dit-il, d'aller « habiter la cellule qui est sur le sommet « de la montagne (1). »

(1) Ce lieu est enclavé dans la nouvelle église, et indiqué par une lame de cuivre placée dans les dalles du sanctuaire, c'est là qu'elle rendit son âme à Dieu et que se conserve son glorieux corps qui exhale parfois une odeur suave.

En même temps, le Seigneur lui promit que, malgré l'éloignement du couvent, les Frères-Mineurs, auxquels il l'avait confiée, continueraient à s'occuper d'elle. — Marguerite obéit aussitôt au divin Maître, et alla habiter la cellule indiquée. — C'est là qu'elle jouit le plus souvent de ces entretiens ineffables qui enflammaient son cœur d'un amour pour ainsi dire semblable à celui des Séraphins. C'est là que son Sauveur aimait à lui apparaître, causait familièrement avec elle, excitait de plus en plus dans son âme des sentiments de contrition de ses péchés, et la combla de ses plus insignes faveurs. C'est là que lui apparurent à diverses reprises la sainte Vierge, Notre Père saint François, saint Pierre, saint Jean l'Evangéliste, sainte Madeleine et plusieurs esprits célestes.

Le démon, dans sa jalousie, lui livrait de terribles assauts. Tantôt il cherchait à l'effrayer en se montrant à elle sous la forme d'affreux serpents ou de bêtes féroces. Tantôt il se présentait sous l'aspect de jeunes gens aux regards luxurieux qui venaient lui rappeler les voluptés de sa première vie. D'autres fois il tâchait de l'entraîner dans le désespoir en lui affirmant que par un décret de la divine justice, elle était, à cause de ses crimes, destinée à l'enfer. D'autres fois encore, prenant la forme d'ange de lumière, il tentait de la faire succomber à l'orgueil en lui montrant le degré héroïque de vertu qu'elle possédait et la bonne opinion qu'avaient d'elle les peuples différents dont les représentants venaient la visiter; car on venait en foule de la France, de l'Allemagne et de tous les points de l'Italie. En un mot, le démon employa tous les moyens pour la perdre. Notre héroïne, aidée par la grâce de son Sauveur, triomphait de son ennemi, qui fut obligé de se retirer comme cela arriva dans le fait suivant :

Assaillie par une tentation de vaine gloire, elle monte aussitôt sur le toit de la petite maison, puis, à haute voix, elle interpelle les habitants de la ville en leur disant : « Levez-vous, gens de Cortone, « prenez des pierres et chassez-moi de « votre cité, parce que je suis une infâme « pécheresse qui ai offensé Dieu et scan- « dalisé le prochain par de nombreuses « iniquités. » A ce discours, le démon honteux s'empressa de prendre la fuite. C'est ainsi que Marguerite confondait son adversaire en s'armant en outre du secours de la prière.

XII

Furieux de n'avoir pas réussi, le démon voulut se servir des hommes pour la faire tomber. Poussés par Satan, des méchants commencèrent à attaquer sa réputation en la calomniant et en interprétant en mal toutes ses actions, même ses exercices de piété. Le tort ainsi fait à la réputation de Marguerite alla toujours croissant, au point que la vénération publique se changea en mépris général. On s'en moquait comme d'une hypocrite, on la fuyait comme une possédée, on l'insultait comme une folle, on était scandalisé de la sotte crédulité des personnes qui venaient de loin pour consulter une telle femme. Les soins charitables qu'en prenaient les Franciscains furent mal interprétés, tellement que plusieurs Pères en furent alarmés et commencèrent à douter de son esprit. Son confesseur la soumit alors à de terribles épreuves, et pour comble de malheur, le Père Gardien, paraissant ajouter foi à ces dires, ordonna au Père Giunta de ne lui rendre visite qu'une fois la semaine.

Non seulement les Pères se laissèrent surprendre par ces calomnies, mais plusieurs personnes notables de la ville allèrent, dans ces circonstances, jusqu'à assigner des bornes à la miséricorde divine. en protestant publiquement que Dieu ne pouvait accorder à une femme naguère si scandaleuse, des grâces si grandes.

XIII

Marguerite souffrait avec patience. Elle ne put toutefois s'empêcher de pleurer, lorsqu'elle apprit l'ordre donné à son confesseur par le Père Gardien de la visiter moins souvent. Heureuses larmes, qui touchèrent le cœur du Sauveur! Il lui apparut visiblement en lui demandant le sujet de sa peine. Elle lui répondit qu'elle était navrée de douleurs à cause des bruits répandus contre elle et contre les religieux. Le Seigneur lui répliqua : « Ma fille, vous « devriez vous réjouir au lieu de pleurer. « Votre charité, aujourd'hui blâmée par « les hommes, sera un jour couronnée dans « le ciel. Ne m'avez-vous pas prié de vous « rendre semblable à Madeleine ? Eh ! « combien les scribes, les pharisiens et « mes disciples, même les plus éclairés, « n'ont-ils pas murmuré de la confiance « qu'elle avait en moi et des louanges que je « lui donnais ! Dites à votre confesseur que « c'est pour moi un plaisir d'agir en vous. « Consolez-vous et restez en paix. Plus « que beaucoup d'autres vous avez compati « à mes douleurs, pour cette raison même « il faut que, comme moi, vous passiez « par des tribulations, et que votre répu- « tation soit attaquée. — Vous serez un « jour avec moi dans ma gloire, ne craignez « point de souffrir, car c'est par la souf- « france qu'il faut entrer dans le royaume « des cieux. »

XIV.

Le Seigneur préparait ainsi Marguerite à supporter patiemment l'épreuve la plus douloureuse pour une âme comme la sienne : la privation des consolation spirituelles. Elle qui était habituée à converser avec son céleste époux, fut tout à coup privée de ce bonheur, au point de ne pouvoir, pour ainsi dire, élever son cœur vers Dieu. Prosternée au pied des autels, elle ne pouvait plus méditer sur les saints mystères; dans la sainte communion, elle ne trouvait aucune douceur; elle n'éprouvait plus cette douleur qu'elle ressentait autrefois, en pensant à ses péchés. Plus de larmes, plus de soupirs d'amour pour son Sauveur; son âme était dans la sécheresse la plus absolue; il semblait que Dieu l'eût abandonnée. Marguerite accepta cet état avec une entière soumission à la volonté de son Dieu, souffrant sans se plaindre de ces privations. Elle continuait comme autrefois ses exercices de piété et ses mortifications, acceptait cet abandon en expiation de ses péchés.

Pour se soutenir dans cette épreuve et se rendre de plus en plus semblable à son Sauveur, abandonné de son Père sur la croix, elle rappelait à sa mémoire le souvenir de ses années mal employées, et de ses iniquités pendant les neuf années qu'elle avait passées à Montepulciano ; la douleur qu'elle en ressentait lui faisait parfois jeter des cris, et elle se tournait alors vers Dieu en disant : « O mon Sauveur, il eût « été à désirer que je ne fusse pas née, « puisque j'ai eu le malheur de vous offen- « ser. Ah! éloignez-vous de moi, si vile « et si indigne de vous! »

Ces sentiments d'humilité et de contrition parfaite, son entière soumission à la volonté de Dieu lui méritèrent d'entendre sortir de la bouche de Jésus crucifié ces paroles qui inondèrent son âme de joie : « Ma fille, je vous confirme en grâce afin « que vous soyez sanctifiée en votre âme « et en votre corps. »

XV

Marguerite, confirmée en grâce n'eut plus qu'un désir, celui de ne plus rien goûter des consolations de cette vie. Pour y arriver, elle se donna tout entière à la méditation des souffrances du Sauveur. Elle aurait voulu que les douleurs de Jésus fussent gravées dans son cœur.

Pour l'encourager dans cette voie, Jésus lui dit : « Viens, Marguerite, et regarde-« moi attaché à la croix ; observe avec « soin mes plaies au dedans et au dehors, et « tu comprendras alors combien elles m'ont « été amères et pénibles. » Elle enviait parfois à sainte Madeleine l'avantage qu'elle avait eu d'assister au crucifiement de son bien-aimé Sauveur, et admirait son zèle à le chercher après sa mort.

Un Vendredi Saint, elle s'était plongée dans la considération de la mort et de la sépulture de Jésus. Ravie en extase, après avoir compté toutes les plaies de son Sauveur, elle sort de sa cellule et

parcourt les rues de Cortone en s'écriant :
« Où iras-tu, malheureuse femme, où
« pourras-tu retrouver le bien-aimé de
« ton âme? Oh! s'il m'était accordé de
« voir encore une fois mon Seigneur! O
« mon Jésus, pourquoi m'avez-vous été
« enlevé? Anges, hommes, créatures, en-
« seignez-moi où est mon bien-aimé cru-
« cifié. » Cette extase dura jusqu'au jour
de Pâques, où elle entra dans l'église
pendant que le Père Giunta prêchait, et lui
demanda où était son Sauveur. Cette
question et la manière dont elle s'exprima
excitèrent dans tout le peuple des sentiments de dévotion. Elle mérita par son
amour véhément de voir Jésus dans sa
gloire, et cette vue apaisa aussitôt sa douleur, mais n'éloigna pas le désir qu'elle
avait de souffrir. Elle supplia le Seigneur
de lui accorder la grâce de ressentir les
mêmes douleurs que la Vierge Marie souffrit au pied de la Croix.

XVI

Le divin Maître, pour satisfaire le désir de Marguerite, lui ordonna un jour de passer le lendemain dans l'église des Frères-Mineurs. Son confesseur y consentit. Elle se mit à méditer selon son habitude sur les souffrances et les tourments endurés par le Fils de Dieu. Mais à peine avait-elle commencé ce saint exercice que son cœur souffrit au point qu'elle ne put retenir ses soupirs, ses sanglots et ses cris. Pâle et sans force, elle tombait en défaillance. Quelques pieuses dames accoururent pour la soutenir, et, pendant qu'elle était entre leurs bras, sa pâleur augmenta, elle baissa la tête et sembla rendre le dernier soupir. On la crut morte, et même la nouvelle s'en répandit dans la ville. Un grand nombre d'habitants se rendirent à l'église pour s'en assurer. Tous la croyaient morte en effet, et déjà ils pleuraient amèrement la perte d'une protectrice si puissante auprès de Dieu. Mais à l'heure des Vêpres on la vit faire quelques mouvements et, peu de temps après, on s'aperçut qu'elle avait les yeux fixés vers le Ciel, on l'entendit rendre grâces à Jésus de lui avoir fait endurer un si grand martyre dans son âme aussi bien que dans son corps. Voyant une si grande foule autour d'elle, elle fut remplie de confusion et s'en plaignit au Sauveur qui, pour la réconforter, daigna l'appeler du nom de martyre.

XVII

Pour encourager encore Marguerite dans cette salutaire pratique le Seigneur lui apparut attaché à la Croix, et l'invita à toucher ses plaies. L'humilité de Marguerite s'y refusa; elle se trouvait indigne de cette faveur. Le Sauveur l'y engagea de nouveau d'une manière plus pressante et, détachant ses mains de la croix, il élargit la plaie de son côté, de manière à découvrir à sa servante la blessure de son divin Cœur, lui disant que c'était là qu'il la portait toujours gravée et qu'elle pouvait y entrer comme dans un asile inviolable.

La joie céleste qu'elle ressentit alors inonda tellement son cœur, que, transportée hors d'elle-même, elle parut morte d'extase et d'amour.

XVIII

La sainte Eucharistie était pour Marguerite le plus puissant motif d'amour. Elle puisait dans ce sacrement toutes ses consolations dans ses peines, et y trouvait des douceurs incomparables. Ayant appris de son divin Docteur qu'une messe procurait à Dieu plus de gloire que toutes les actions des Anges et des Saints dans le Ciel et des hommes sur la terre, et que la messe lui offrait une satisfaction infinie et bien plus étendue que sa justice outragée ne pourrait l'exiger de nous, elle apporta tous ses soins à profiter de ce don, en assistant chaque jour, non seulement à une messe, mais à plusieurs, en s'unissant d'intention à toutes celles qui se célébraient dans le monde entier.

Son plus grand bonheur était de recevoir l'Hôte Divin dans son cœur. Elle s'y préparait par les vertus héroïques d'une âme désireuse de plaire à Celui qui devait la visiter. Aussi retirait-elle de ses communions les fruits les plus précieux. C'est alors que le Sauveur l'enrichissait de ses dons, lui témoignait plus d'amour, lui parlait familièrement et lui communiquait les secrets de la Divinité. — Quelquefois certaines craintes semblaient l'arrêter ; elle en fut reprise par le Seigneur qui l'engagea à communier pour fortifier non seulement son âme, mais aussi son corps. En effet, d'après l'opinion générale, si son corps, ruiné par les pénitences et affaibli par les maladies, pouvait se livrer à tant de pénibles entreprises, c'était l'effet de l'Eucharistie plutôt que du peu de nourriture qu'elle prenait. Il en fut ainsi surtout à la fin de sa vie, où elle vécut trois semaines sans prendre aucun aliment que la Sainte Communion.

XIX

Comme il l'avait fait à saint Pierre Notre-Seigneur interrogea Marguerite en lui demandant à trois reprises différentes si elle l'aimait, et, comme l'Apôtre, elle répondait chaque fois avec des paroles enflammées d'amour pour Celui qui l'interrogeait, lui confessant qu'elle était disposée à vivre et à mourir de la manière qu'il lui plairait : crucifiée, s'il le désirait, puisque lui-même, malgré son innocence, avait enduré ce supplice qu'elle méritait elle-même par ses grandes et nombreuses iniquités. — Cette belle réponse, lui valut la grâce de voir son séraphique Père saint François, avec une multitude de saints. Il lui apparut sur le trône brillant qui avait été destiné à Lucifer. Le Seigneur chargea Marguerite de tout rapporter de sa part aux Frères-Mineurs, de les avertir qu'ils auraient beaucoup d'épreuves, et qu'il récompenserait les soins charitables qu'ils avaient d'elle, parce qu'il la leur avait confiée pour les sanctifier et les honorer davantage jusqu'à la fin du monde (1).

Marguerite fut très heureuse de faire cette communication aux Frères-Mineurs qui la reçurent avec joie, et continuèrent avec plus de zèle encore à donner leurs soins spirituels à l'illustre pénitente.

La bonté du Seigneur envers sa servante ne s'arrêta pas là ; il voulut la réhabiliter en lui promettant de la placer au ciel dans le chœur des vierges, parce que, disait-il, « par ton ardent amour pour moi, par tes pénitences et tes souffrances, ton âme a été tellement purifiée, qu'elle est devenue semblable à celle des vierges. » Cette promesse lui fut renouvelée dans

____

(1) Cette promesse s'est confirmée, car le corps de sainte Marguerite est toujours resté jusqu'à nos jours sous la garde des Frères-Mineurs.

une magnifique vision qu'elle eut ensuite et dans laquelle Dieu lui montra le trône brillant de gloire qui lui était préparé, comme celui de son séraphique Père saint François dans le chœur des Séraphins, au milieu des vierges les plus glorieuses par leur fidélité à leur divin Epoux.

Malgré ces avertissements célestes, et de crainte d'illusion, Marguerite ne cessait de se tenir dans l'humilité, se regardant comme une misérable pécheresse et continuant de châtier son corps et ses sens. Il fallut que son confesseur lui-même, par des raisons convaincantes, lui fit connaître que cette promesse venait du Seigneur, ajoutant que, bien que Dieu ne puisse pas faire que ce qui a été perdu ne le soit réellement, il peut enlever toute souillure d'une âme qui aurait été coupable, et cela dans la mesure de sa pénitence et de ses sentiments de contrition et d'amour.

XX

Marguerite, depuis sa conversion, n'avait travaillé que pour sa propre sanctification et que pour pourvoir aux besoins des pauvres. Jésus dans ses différents entretiens, s'était plaint du triste état dans lequel vivaient les chrétiens, mais il n'avait point encore engagé sa servante à s'occuper d'une manière efficace de leur salut spirituel. Il lui fit bientôt comprendre, par de nouvelles plaintes, qu'il lui demandait le sacrifice de sa chère solitude, surtout en lui déclarant qu'une quantité innombrable d'âmes qui lui étaient chères se perdaient.

Elle résolut donc de se dévouer au salut du prochain, demandant un secours plus abondant à Jésus, qui le lui promit par les paroles suivantes : « O ma fille, je vous « ai destinée pour être le miroir des pé- « cheurs et je vous ai convertie afin qu'à « votre exemple d'autres se convertissent. Les grands dons que je vous ai accordés

« ne sont pas seulement pour vous, mais
« pour beaucoup de pécheurs. Je vous ai
« faite lumière éclatante pour éclairer ceux
« qui sont assis dans les ténèbres du pé-
« ché. J'ai embrasé votre cœur d'un feu
« d'amour afin de réchauffer celui des plus
« endurcis. Les choses merveilleuses que
« j'ai opérées ont été faites, non seulement
« pour vous, mais aussi pour que mon
« peuple prévaricateur me soit ramené par
« vous. »

Marguerite s'empressa, comme toujours,
d'obéir au Seigneur. Elle entreprit sa car-
rière apostolique avec tant d'ardeur qu'il
n'y avait point de vice qu'elle ne com-
battît, point de scandale qu'elle ne s'ef-
forçât de faire cesser, point de pécheur
qu'elle ne cherchât à convertir, montrant
aux uns le paradis et menaçant les autres
de l'enfer. Elle parvint à ramener la paix
dans la ville de Cortone qui était partagée
en deux factions ennemies, à rétablir la
fréquentation des sacrements et à faire
rentrer dans la bonne voie un si grand
nombre d'âmes que son confesseur et les
autres Pères, ne pouvant suffire à entendre les confessions, s'en plaignirent un
jour. Le bruit de toutes ces conversions
s'étant répandu au loin, on vit arriver par

troupes, à Cortone, des gens riches et pauvres, des nobles, des laïques, des ecclésiastiques, venant de Florence, de Rome, de toute l'Italie, de la France, de l'Espagne. Tous s'en allaient contents de leur voyage, parce qu'ils retournaient chez eux tout autres qu'ils n'étaient venus.

Dieu se plaisait à donner à Marguerite une lumière supérieure qui lui faisait pénétrer les secrets les plus profonds des cœurs de ceux qui venaient à elle. Pour les encourager, elle se proposait elle-même comme exemple, elle qui avait été encore plus grande pécheresse qu'eux et que cependant la miséricorde divine avait accueillie avec bonté et comblée de dons célestes.

XXI

Furieux de voir tant d'âmes arrachées à son empire, le démon mit tout en œuvre pour s'y opposer. Il réveilla les anciens bruits qu'on avait répandus sur elle pour essayer d'arrêter cet élan des peuples. Il n'y réussit point cette fois. Il tourna alors ses efforts vers Marguerite en lui suscitant des tentations d'orgueil sur ce qu'on venait la consulter de si loin et qu'on lui obéissait comme à un docteur. D'autres fois le tentateur cherchait à lui faire regretter le temps qu'elle passait à ce ministère si utile et qu'elle aurait pu consacrer à une douce contemplation.

Marguerite, comprenant les embûches du démon, ne cessait, au milieu des acclamations des peuples, de s'humilier en se déclarant coupable et rapportait à Dieu les louanges qu'elle recevait. — Satan fut obligé de se retirer vaincu.

Le Sauveur, pour encourager Marguerite à travailler au salut du prochain, lui assura que ses travaux lui étaient très agréables et qu'elle avait été choisie pour conduire à son amour non seulement les vierges, mais encore les autres personnes et qu'elle serait après sa mort un miroir pour les pécheurs.

Ces promesses faites par le Seigneur reçurent leur accomplissement pendant sa vie et l'ont encore après sa mort. Que de pécheurs attirés par la miséricorde infinie de Dieu, se sont convertis en lisant ou en méditant la vie de sainte Marguerite ! Il serait impossible de raconter les fruits merveilleux que notre pénitente produisit dans les âmes en les exhortant à la mortification des sens, à la componction du cœur, au bon emploi du temps, et à la pénitence, donnant à chacun les conseils nécessaires à sa sanctification.

La charité de Marguerite ne s'exerça pas seulement sur les corps et les âmes de ceux qui habitaient cette vallée de larmes, elle alla au delà de la tombe. Touchée par les enseignements de la foi sur le Purgatoire et par l'apparition de plusieurs âmes captives retenues dans ce lieu de souffrances, elle en retira par ses prières un grand nombre dont quelques-unes étaient condamnées à y rester de longues années. Aussi toutes ces âmes délivrées par elle, demandèrent au Seigneur que leur libératrice vînt partager leur bonheur. De son côté Marguerite appelait de ses vœux le moment où elle quitterait ce monde, désireuse de s'unir à son bien-aimé et dans la crainte de pouvoir l'offenser. Aussi demandait-elle avec ardeur à Jésus-Christ de la préserver de ce malheur. Celui-ci lui répondait alors qu'elle devait se soumettre à sa sainte volonté.

XXII

A la demande qu'elle adressait à Dieu de la faire mourir et, par conséquent, de lui accorder son entrée au ciel, se joignirent les prières des âmes qu'elle avait retirées du purgatoire, les supplications de Marie Immaculée et celles de saint François et de plusieurs autres saints qui désiraient l'avoir en leur compagnie.

Un dimanche après l'Epiphanie, un peu plus d'un mois avant son trépas, le Seigneur l'avertit en ces termes qu'il était disposé à l'exaucer : « Vous saurez, « ma fille, que la Vierge Marie, ma Mère, « mon précurseur Jean, votre père saint « François, votre protectrice sainte Madeleine et toute la cour céleste me supplient continuellement de hâter votre arrivée dans le royaume de ma gloire, et « je suis disposé à leur être agréable. » Pour satisfaire les désirs des esprits célestes et pour augmenter les mérites de Marguerite, le Seigneur permit qu'elle de-

vînt en proie à des souffrances aiguës, qui la forcèrent à garder sa cellule et à rester étendue sur son misérable grabat de planches. Une fièvre ardente la consumait et ne lui laissait de repos ni le jour ni la nuit. Tous ses membres éprouvaient un tourment particulier, mais ses maux de gorge et d'estomac étaient inexprimables. Au milieu de ses douleurs, Marguerite se trouvait heureuse. Une seule chose l'affectait, c'était de ne plus pouvoir aller à l'église ni travailler à la gloire de Dieu. Mais Jésus daigna la consoler. Il la ravit en extase et lui dit : « Ma fille, la maladie vous aide à
« faire ce que je veux de vous maintenant.
« Votre nourrriture, votre boisson, votre
« sommeil, vos discours, toute votre
« vie enfin, sont une continuelle oraison,
« parce que vous avez toujours le désir de
« me servir et une souveraine herreur de
« m'offenser. C'est pour cela que je vous
« bénis, vous, votre amour et votre cellule.
« Je vous assure que vous êtes une lumière
« pure, que j'aime beaucoup; grâce à vos
« mérites vous serez bientôt placée parmi
« les vierges, et après votre mort, vous
« serez la cause de la conversion de beau-
« coup de pécheurs. »

XXIII

De plus en plus irrité contre Marguerite à mesure qu'elle approchait du terme de son existence, le démon vint tenter par un suprême et dernier effort, de ressaisir cette proie qu'il avait perdue. Il se présenta à elle en triomphateur, et s'écria : « J'ai vaincu. » Il l'accablait de tentations essayant de la tromper sur ses visions et ses révélations, ou de lui persuader qu'elle n'avait pas une véritable contrition, et que, par là même, ses péchés ne lui étaient pas pardonnés. Mais Marguerite appela bien vite un prêtre à son secours, en s'écriant : « Voici l'ennemi, je le vois; plein de joie, « il s'agite et rôde autour de moi; ah! « aidez-moi! » Pendant que le prêtre se disposait à l'encourager au combat, elle entendit la voix céleste d'un ange qui venait à son secours et qui apostropha ainsi l'ennemi infernal : « Qu'as-tu à faire avec « cette âme qui doit être placée par Dieu

« dans la glorieuse cohorte des Séraphins.
« Sors d'ici, maudit, et retourne dans ta
« prison pleurer éternellement ton mal-
« heur ! » Le tentateur aurait dû partir,
mais Dieu qui voulait que la vie de Marguerite fût jusqu'à la fin semblable à la
sienne, c'est-à-dire mêlée de peines et de
consolations, permit qu'il revînt à la charge
en tourmentant le cœur invincible de la
moribonde. L'ange qui l'avait protégée la
rassura en lui disant : « Pour vaincre plus
« sûrement l'ennemi de votre salut, prenez
« cet étendard marqué de deux croix, l'une
« blanche, l'autre rouge, symbole du sang
« et de l'eau qui sortirent de la plaie du
« cœur de Jésus, et par sa croix vous
« triompherez. » Marguerite usa de cet
étendard que l'ange lui avait laissé et s'en
servait toutes les fois que le démon reve-
nait à la charge. Elle invoquait fidèlement
Jésus, protestait devant lui que toute son
espérance était fondée sur l'effusion de
son sang adorable et sur ses mérites in-
finis, qu'elle était d'autant plus assurée
d'obtenir le ciel par la miséricorde divine,
qu'elle avait mérité l'enfer par ses péchés.

C'était une source d'édification pour tous
ceux qui entouraient la grande pénitente,
de la voir pleurer toujours ses péchés,

comme aux premiers jours de sa conversion, bien qu'elle sût qu'ils avaient été pardonnés. L'amour profond qu'elle avait pour
son Dieu en était la cause.

XXIV

Le Seigneur, satisfait de la constance de
sa servante, vint lui-même chasser pour toujours le démon de sa cellule. Le jour de la
Purification de la sainte Vierge après qu'elle
eut reçu la sainte Eucharistie, elle fut
ravie en une douce extase, où lui furent
révélés le jour et l'heure de sa mort.

« Ma fille, ma Marguerite, lui dit-il, ne
« craignez plus les piège de l'ennemi
« vaincu, il est en fuite, je serai désormais
« avec vous, préparez-vous au départ,
« parce que le 22 de ce mois de Février,
« vers l'aurore, vous irez au ciel. » Cet
avis remplit de joie notre Sainte qui de pâle
et livide qu'elle était, devint fraîche et co-
lorée; sur son front brillait comme un
reflet de la céleste béatitude. A partir de

ce moment, elle ne prit plus de nourriture terrestre : le Pain des Anges fut l'unique aliment de son âme et de son corps.

XXV

La triste nouvelle de la mort imminente de Marguerite remplit de douleur non seulement les habitants de Cortone, mais encore ceux des pays voisins. Tous venaient à la cellule de l'auguste moribonde pour la voir une dernière fois et recevoir sa bénédiction. Mais la Sainte, absorbée dans la contemplation, prêtait peu d'attention à ce qui se passait autour d'elle. Dans les courts intervalles où elle sortait de son extase, jetant les yeux sur la foule qui l'entourait, elle encourageait tous les assistants en leur assurant qu'il était facile de se sauver.

« Oui, disait-elle, toute brûlante de charité, oui, mes frères, la voie du salut est facile, aimez Notre-Seigneur Jésus-Christ ». D'autres fois, à l'exemple de

l'apôtre saint Jean, elle leur répétait :
« Aimez-vous les uns les autres, c'est le
« commandement du Seigneur. »

La veille de sa mort, dans la soirée du
21 février, elle pria le Père Giunta de lui
administrer le sacrement de l'Extrême-
Onction. Elle reçut ce sacrement avec une
contrition si vraie, un amour si ardent,
que tous les assistants en furent émus jusqu'aux larmes. Les pleurs redoublèrent
lorsqu'après la cérémonie, elle leur fit ses
adieux. Elle remercia d'abord les Religieux,
et en particulier le Père Giunta, du soin
qu'ils avaient eu d'elle; ensuite elle remercia également plusieurs sœurs du Tiers-
Ordre des bons offices qu'elles lui avaient
prodigués pendant sa maladie. Puis avec
une nouvelle ferveur et une humilité profonde elle demanda pardon de ses scandales passés aux habitants de Cortone, de
Laviano et surtout à ceux de Montepulciano,
où elle avait vécu en pécheresse. Elle les
supplia ensuite de bénir la miséricorde de
Dieu qui avait été si grande pour son
âme.

La nuit se passa dans une douce extase,
et de célestes entretiens avec ses saints
protecteurs; ceux-ci l'avertirent que l'aurore tant désirée approchait; elle demanda

son confesseur et reçut une dernière ab
solution. La sainte Communion lui fut
aussi apportée une dernière fois et rem
plit son âme d'une joie ineffable : son
corps participait à cette allégresse. Au mi
lieu de ces délices, avant-goût du ciel, elle
expira, ayant sur les lèvres le sourire le
plus gracieux. C'était le jour et l'heure
indiqués par le Divin Maître, le 22 février
1297; elle était dans la cinquantième
année de son âge, et la vingt-troisième de
sa conversion (1).

Le Seigneur daigna révéler, au même
instant, à l'un de ses serviteurs qui habitait
la ville de Castello, l'entrée triomphante au
Ciel de l'âme de Marguerite. Il la vit res-
plendissante, pénétrer au séjour éternel
accompagnée d'une multitude d'esprits
célestes et de nombreuses légions d'âmes
délivrées du purgatoire par ses mérites.

---

(1) La fête de sainte Marguerite, se célèbre
en mémoire de sa mort, le 22 février, dans l'ordre Séraphique, sous le rite double de seconde
classe.

XXVI

Le bru de la mort de Marguerite s'étant répandu, iton vint en foule, vénérer ses dépouilles mortelles, qui exhalaient une odeur suave. Il était impossible de pleurer en voyant l'air gracieux et souriant de la figure de notre Sainte. Les sœurs du Tiers-Ordre, s'empressèrent de revêtir son corps du saint habit. On lui fit des obsèques magnifiques et on la transporta à l'église de Saint-Basile, où elle resta plusieurs jours exposée à la vénération publique. Cependant les Religieux, dans la crainte qu'on leur ravît leur trésor, la placèrent dans un tombeau, à la faveur de la nuit. C'est de ce tombeau qu'elle fut tirée plus tard pour être placée dans le lieu où on la vénère aujourd'hui. Son corps toujours intact, répand encore à certains jours une odeur suave.

Le culte de la Sainte, ainsi qu'elle l'avait prédit, prit de l'extension ; des miracles.

nombreux furent accomplis par son intercession. Dieu lui donna les honneurs des
autels. Déclarée bienheureuse depuis long-
temps, Benoît XIV promulgua le 22 février
1727, la bulle de sa canonisation, et, le 16
mai de la même année en fit la fête solen-
nelle dans la basilique de Saint-Pierre.

Gloire soit rendue à Dieu, par sainte
Marguerite, véritable Madeleine de l'Ordre
Séraphique.

NEUVAINE

A SAINTE MARGUERITE DE CORTONE

L'usage des neuvaines, dans le bu
d'obtenir des grâces des saints que l'on
invoque, est une dévotion recommandée
par la sainte Eglise. Un grand nombre
d'âmes pieuses aiment à pratiquer cet
exercice. Je crois donc satisfaire les pieux
fidèles, et surtout les dévots à sainte Marguerite de Cortone, en terminant cet
opuscule par une neuvaine de considérations et de prières en son honneur.

Cette neuvaine pourra servir de préparation à sa fête (22 février), ou de pieux
exercices pendant neuf jours consécutifs,
pour obtenir par la puissante médiation
de cette illustre pénitente les grâces que
l'on désire. Pour en assurer le succès, il
sera très utile de la commencer par une
bonne confession jointe à une contrition
souveraine de ses péchés, que l'on deman-

dera par l'intercession de la Sainte, et de la terminer par la sainte communion.

Si le lieu où l'on réside n'est pas très éloigné d'une église qui possède un autel dédié à la sainte; ou une statue représentant son image, il sera très louable de s'y rendre et d'y faire brûler un cierge en son honneur.

Une aumône en faveur des pauvres ou des frères de sainte Marguerite employés dans les Missions, si l'on est à même de la donner, pourra contribuer à se rendre la Sainte favorable (1).

PREMIER JOUR

INVOCATION. — Faites, Seigneur, que la grâce de l'Esprit-Saint éclaire nos âmes et enflamme nos cœurs pendant que, prosternés aux pieds de Votre Infinie Majesté, nous allons méditer sur les vertus de votre grande Servante.

---

(1) La procure des Missions franciscaines se trouve, rue des Fourneaux 83, Paris-Vaugirard.

CONSIDÉRATION. — *Conversion de sainte Marguerite.*

Considérons comment la Sainte, blessée au cœur par la perte de celui qui avait causé sa chute, et éclairée par la lumière divine, comprend la laideur du péché et ses conséquences funestes : séparation de son Dieu, dangers pour son âme, grandeur du mal par la révolte de la créature contre la bonté infinie de son Créateur, mépris des souffrances du Sauveur, etc... Elle commence aussitôt à pleurer amèrement ses fautes et à les confesser avec un repentir sincère. Comme marque de véritable contrition, elle abandonne les richesses et les vains ornements du siècle et s'éloigne du lieu, témoin de ses scandales. —

A son exemple, prenons dès aujourd'hui la ferme résolution de fuir les occasions qui nous font tomber dans le péché; purifions notre conscience par un complet et sincère aveu de nos fautes, et, si nous avons eu la faiblesse de tomber dans le péché mortel, ne cessons de pleurer toute notre vie ce malheur.

Prière

3 Pater noster, etc.   3 Notre Père, etc.
3 Ave, María, etc.   3 Je vous salue.
3 Gloria Patri, etc.   3 Gloire au Père, etc

O Seigneur Jésus-Christ, vraie lumière du monde, dissipez les ténèbres de mon esprit, afin que je puisse connaître tous mes péchés. Quand je les aurai connus, accordez-moi, par les mérites de sainte Marguerite, la force nécessaire pour les bien confesser, une douleur profonde de les avoir commis, et surtout leur entière rémission. Ainsi soit-il.

Répons en l'honneur de sainte Marguerite

O Margarita pœnitens, Patrata quæ fles crimina, Tuas sequamur lacrymas, Viam secuti lubricam.

O Marguerite pénitente, qui pleurez amèrement vos péchés, obtenez-nous la grâce de pleurer les nôtres, puisque nous avons imité vos fautes.

Nos pœnitentes as-
[pice,
Et corda nostra per-
[cute
Dolore cordis intimo,
Christi superno mu-
[nere.
Constanti a m o r e
[Numinis,
Flagras et igne per-
[peti,
Candescis, ô virgi-
[neis,
Inserta digne flori-
[bus.
Nos pœnitentes, etc.
Gloria Patri, etc.,
Nos pœnitentes, etc
℣. Ora pro nobis,
beata Margarita.
℟. Ut digni efficia-
mur promissionibus
Christi.

OREMUS

Deus, qui famulam
tuam Margaritam de
perditionis via ad sa-

Du haut du ciel,
voyez notre repen-
tir; priez notre di-
vin Sauveur d'amol-
lir la dureté de nos
cœurs et de les bri-
ser de componction
par sa grâce.

L'amour enflammé
et constant de Jésus
vous donne la pureté
du lis et vous place
à juste titre dans le
céleste chœur des
Vierges.

Du haut du Ciel..
Gloire au Père etc.
Du haut du Ciel..
℣. Priez pour nous,
Sainte Marguerite.
℟. Afin que nous
devenions dignes des
promesses de Jésus-
Christ.

PRIONS

O Dieu, qui par
votre miséricorde
avez retiré votre ser-

lutis tramitem misericorditer deduxisti, eâdem nobis miseratione concede ; ut quam prius errantem sectari non erubuimus, mox pœnitentem impigre sequi gloriemur. Per Christum Dominum nostrum.

vante Marguerite de la voie de perdition pour la ramener dans le sentier du salut, daignez user envers nous de la même miséricorde et accordez-nous la grâce de mettre notre gloire à imiter avec ardeur la pénitence de celle dont nous n'avons pas rougi d'imiter les fautes. Nous vous en prions par J.-C. Notre-Seigneur. Ainsi soit-il.

DEUXIÈME JOUR

INVOCATION. — Faites, Seigneur, etc...
CONSIDÉRATION. — *Amour de Marguerite envers Dieu.*

Considérons comment sainte Marguerite, après avoir connu l'extrême laideur du péché et l'incomparable beauté de la Divinité, ne veut plus vivre que pour Dieu. Elle ne se tranquillise que lorsqu'elle a appris de son Sauveur que ses péchés lui ont été pardonnés, parce qu'à l'imitation de Madeleine, elle a beaucoup aimé. Dans un transport d'amour elle va jusqu'à demander au Seigneur d'être accablée par la maladie, afin que son corps ne soit plus pour elle une occasion de chute. Ce n'est pas tout; pour vivre plus unie à Dieu elle s'éloigne de la compagnie des gens du siècle et se retire dans une misérable masure, où le démon jaloux cherche à la troubler, sans y parvenir; l'amour de Marguerite pour son Sauveur triomphe de tout.

En présence de l'amour si ardent de sainte Marguerite, rougissons d'aimer Dieu si faiblement et d'être si souvent disposés à nous en séparer pour un vain plaisir. Prenons la résolution d'être plus fidèles à lui donner des preuves de notre amour, en sacrifiant tout ce qui pourrait être pour nous une occasion de le perdre.

PRIÈRE

3 Pater Noster, etc.	3 Notre Père, etc.
3 Ave, Maria, etc.	3 Je vous salue, etc.
3 Gloria Patri, etc.	3 Gloire au Père etc.

O mon doux Sauveur, qui méritez seul d'être aimé et de posséder entièrement notre cœur, accordez-nous par les mérites de sainte Marguerite la grâce de connaître comme elle vos beautés divines, de nous y attacher, et d'être disposés à tout sacrifier, honneur, richesses, et même notre vie, plutôt que de nous séparer de vous, qui êtes le seul et véritable bien. Ainsi soit-il. RÉPONS, *comme au premier jour.*

TROISIÈME JOUR

INVOCATION. — Faites, Seigneur, etc.
CONSIDÉRATION. — *Esprit de pénitence de sainte Marguerite.*

Considérons avec attention l'illustre Sainte demandant avec instance l'habit du

Tiers-Ordre de notre Père saint François pour pouvoir pratiquer la pénitence d'une manière plus parfaite. Ce but atteint, elle veut absolument devenir une victime d'expiation. Elle s'impose un régime de vie rigoureux, un jeûne perpétuel, passant quelquefois plusieurs jours sans manger et se contentant du pain Eucharistique. Pour payer les grandes dettes qu'elle avait contractées envers la justice divine, elle ne cessait de mortifier son corps, par la privation de sommeil, par de rudes disciplines et autres grandes pénitences.

Devant de telles austérités, ô chrétien frivole, apprends de sainte Marguerite à mortifier ton corps si rebelle et si amateur de lui-même. Prends la ferme résolution de garder strictement la loi du jeûne et de l'abstinence, imposée par l'Eglise dans un esprit de pénitence, et de n'accorder à la faible nature que ce qui est nécessaire pour sa conservation.

PRIÈRE

3 Pater Noster, etc.	3 Notre Père, etc.
3 Ave Maria, etc.	3 Je vous salue, etc.
3 Gloria Patri, etc.	3 Gloire au Père, etc.

O mon Seigneur Jésus, voyez à vos pieds un pécheur qui, pour avoir trop obéi aux exigences de son corps mortel, a vécu en homme charnel, plutôt qu'en chrétien pénitent. Plein de regrets, il vous supplie de lui accorder, par les mérites de sainte Marguerite, la grâce de vaincre sa nature rebelle, de la tenir en servitude et de ne jamais transgresser vos lois ni celles de l'Eglise, par respect humain ou par négligence. Ainsi soit-il.

RÉPONS, *comme au premier jour.*

QUATRIÈME JOUR.

INVOCATION. — Faites, Seigneur etc.....
CONSIDÉRATION. — *Patience de sainte Marguerite.*

Considérons comment notre Sainte,

aidée de la grâce, devint en peu de temps
un modèle de patience admirable, elle
souffre sans se plaindre, sans même laisser
échapper un mouvement d'impatience, les
persécutions et les calomnies des hommes.
Les uns la traitent d'hypocrite, d'insensée;
les autres affirment que sa sainteté n'est
pas véritable, que ses révélations ne sont
que le fait de son imagination; ses absti-
nences et ses jeûnes sont révoqués en
doute. Le mépris et la haine vont si loin
que Marguerite ne peut plus paraître dans
les rues sans être insultée et poursuivie
par ceux qui la vénéraient auparavant.
Notre héroïne, au lieu de se laisser abattre,
souffre tous ces maux avec une patience
inaltérable, remerciant le Seigneur de les
avoir permis et le priant de les augmenter,
si telle était sa volonté.

Apprenons de sainte Marguerite à souffrir avec résignation les médisances et les
calomnies, dont le prochain pourrait nous
accabler, en expiation de nos péchés et
pour donner une preuve de notre amour à
Jésus qui, pour nous racheter voulut,
quoique innocent, passer pour criminel.

PRIÈRE

3 Pater noster, etc.	3 Notre Père, etc.
3 Ave Maria, etc.	3 Je vous salue, etc.
3 Gloria Patri, etc.	3 Gloire au Père, etc.

O glorieuse sainte Marguerite, qui au milieu des épreuves, n'avez point perdu patience, et avez gardé le calme au temps de l'affliction, obtenez-nous la grâce de supporter en paix et avec résignation tous les maux qu'il plaira au Seigneur de nous envoyer. Ainsi soit-il.

RÉPONS, *comme au premier jour.*

CINQUIÈME JOUR

INVOCATION. — Faites, Seigneur, etc...
CONSIDÉRATION. — *Charité de sainte Marguerite envers le prochain.*

Considérons notre Sainte pratiquant cette belle vertu si recommandée par Jésus-Christ. A peine s'est-elle donnée à Dieu, qu'elle s'occupe à soigner les infirmes, les veille, jour et nuit, et obtient même du

Seigneur la guérison des malades désespérés. Pour subvenir aux besoins des pauvres, elle va de porte en porte demander l'aumône, elle transforme sa maison en hôpital pour les mieux soigner. Mais ce qui la distingue particulièrement, c'est son zèle pour la conversion des pauvres pécheurs, elle exhorte avec douceur les uns à quitter le vice ; elle menace avec force les rebelles des châtiments éternels ; elle prêche à tous l'immense bonté de Dieu qui accueille toujours un cœur contrit et humilié ; à l'exemple du Sauveur elle s'offre comme victime pour apaiser la colère divine prête à sévir contre les injustes persécuteurs.

Apprenons de Marguerite à aimer notre prochain selon le précepte de l'Evangile ; prenons la résolution de le secourir dans ses nécessités sprituelles et corporelles. Si nous avons à nous plaindre de nos frères, rendons-leur, à l'exemple de Jésus-Christ et de sainte Marguerite, le bien pour le mal et prions Dieu de leur pardonner leurs péchés.

PRIÈRE

3 Pater noster, etc | 3 Notre Père, etc...
3 Ave, Maria, etc. | 3 Je vous salue, etc.
3 Gloria Patri, etc. | 3 Gloire au Père, etc.

O Seigneur Jésus, qui sur le Calvaire nous avez enseigné l'amour du prochain en mourant pour nous, misérables pécheurs, et le pardon des injures en priant pour vos bourreaux, accordez-nous par les mérites de sainte Marguerite, la grâce d'aimer nos frères, de leur faire tout le bien qui dépendra de nous et de ne jamais tirer vengeance du tort qu'ils auraient pu nous causer. Ainsi soit-il.

RÉPONS, *comme au premier jour.*

SIXIÈME JOUR

INVOCATION. — Faites, Seigneur, etc...

CONSIDÉRATION. — *Esprit de prière de sainte Marguerite.*

Considérons notre sainte passant en oraison plusieurs heures du jour et une grande partie de la nuit. La méditation des différentes phases de la passion de Jésus-Christ, à l'exemple de saint François, faisait son bonheur. Elle n'avait qu'un désir, celui de s'entretenir continuellement avec son Sauveur, aussi s'écriait-elle avec joie : « Seigneur, vous faites les délices de ma vie. » Sainte Marguerite joignait à la méditation des prières vocales en l'honneur de la sainte Trinité, de la Bienheureuse Vierge Marie, de saint François pour le soulagement des âmes du purgatoire qu'elle aimait tendrement. Elle assistait aussi tous les jours à plusieurs messes afin de procurer à la Divinité une gloire très grande, et pour pouvoir lui offrir une satisfaction infinie.

Rougis, Chrétien, en voyant la ferveur de Marguerite pour l'oraison, exercice si nécessaire pour le salut, rougis de ta négligence à t'entretenir avec ton Dieu pour lui demander ses grâces. Prends aujourd'hui la résolution de ne pas laisser passer un jour sans remplir le devoir essentiel de la prière, et, à l'exemple de ste Marguerite, d'entendre la messe le plus souvent possible, et surtout de n'y jamais manquer les jours d'obligation.

Prière

3 Pater noster, etc	3 Notre Père, etc..
3 Ave Maria, etc...	3 Je vous salue, etc.
3 Gloria Patri, etc.	3 Gloire au Père, etc.

O Seigneur, qui avez bien voulu nous apprendre à prier après nous en avoir fait un précepte, accordez-nous par les mérites de votre illustre pénitente, la grâce de nous corriger de notre négligence à remplir le devoir de la prière, et d'être bien convaincus que, si nous y sommes fidèles nous deviendrons de fervents chrétiens, dignes du bonheur éternel. — Ainsi soit-il.

Répons, *comme au premier jour.*

SEPTIÈME JOUR

Invocation. — Faites Seigneur, etc...
Considération. — *Humilité de sainte Marguerite.*

Considérons notre Sainte, enrichie de

dons surnaturels et favorisée de visions célestes, recevant l'assurance du pardon de ses péchés et ayant le bonheur d'être appelée par Jésus-Christ : temple où il habite, vase très pur, fille chérie, épouse bien-aimée, qui sera placée parmi les Vierges. Malgré ces faveurs, Marguerite ne craint pas de se déclarer la plus vile des créatures, digne des plus grands châtiments. Elle pleure sans cesse ses péchés; elle les confesse publiquement; elle s'appelle pécheresse, misérable et scandaleuse.

Imitons l'humilité de cette Sainte en supportant les petites humiliations que le Seigneur nous envoie ; regardons-nous comme des créatures indignes de la miséricorde divine. Que la vertu d'humilité soit, non seulement dans nos cœurs, mais aussi qu'elle paraisse dans toutes nos actions. Ne nous enorgueillissons jamais du bien qu'il plairait au Seigneur d'opérer par notre entremise, mais attribuons-le à son divin auteur.

PRIÈRE

3 Pater noster, etc.	3 Notre Père, etc...
3 Ave Maria, etc.	3 Je vous salue, etc..
3 Gloria Patri, etc.	3 Gloire au Père, etc.

O mon Sauveur, qui, en vous faisant homme et en mourant sur la croix comme un criminel, nous avez donné un si grand exemple d'humilité, accordez-nous, par les mérites de sainte Marguerite, d'être bien pénétrés de notre faiblesse et de notre incapacité pour le bien. Aidez-nous par votre grâce à tenir toujours en respect nos esprits si disposés à l'orgueil, afin que nous soyons vraiment humbles sur la terre et que nous méritions d'être un jour, selon votre promesse, élevés dans les cieux. Ainsi soif-il.

RÉPONS, *comme au premier jour.*

HUITIÈME JOUR

INVOCATION. — Faites, Seigneur, etc..
CONSIDÉRATION. — *Dévotion de Ste Marguerite envers la sainte Eucharistie.*

Considérons notre Sainte se tenant en présence du Dieu Eucharistique et se disposant à le recevoir. Pénétré d'une foi vive embrasée d'amour et plongée dans la contemplation de ce mystère adorable, elle paraissait hors d'elle-même et étrangère aux choses terrestres. Adorer son Sauveur présent dans le Saint-Sacrement, le bénir, lui témoigner son amour, s'unir à lui en désir et en réalité était toute sa consolation. Tombant en extase quand elle l'avait reçu elle s'écriait avec bonheur : « Oui, Jésus, vous êtes mon espérance, ma vie, l'âme de mon âme.

Apprenons de notre Sainte à avoir un grand respect pour la sainte Eucharistie. N'imitons pas l'exemple de ceux qui, par un respect mal entendu ou par froideur, fuient cette nourriture préparée pour notre âme. Aimons à visiter souvent les lieux où Jésus repose dans l'hostie. Préparons-nous à l'exemple de la Sainte, à le bien recevoir, non seulement à Pâques mais encore dans l'année, et, lorsque nous l'avons reçu dans nos cœurs, recueillons-nous et entretenons-nous avec lui.

PRIÈRE

3 Pater noster, etc.	3 Notre Père, etc…
3 Ave, Maria, etc…	3 Je vous salue, etc.
3 Gloria Patri, etc.	3 Gloire au Père, etc.

Seigneur, qui, sous le voile de l'Eucharistie, nous avez laissé le souvenir de votre Passion en gage de votre charité infinie, accordez-nous par les mérites de sainte Marguerite la grâce d'avoir un ardent amour pour votre Corps sacré, et votre Sang précieux, afin que par eux nous obtenions la vie éternelle.

RÉPONS, *comme au premier jour.*

NEUVIÈME JOUR

INVOCATION. — Faites, Seigneur, etc…
CONSIDÉRATION. — *Mort heureuse de sainte Marguerite.*

Considérons notre Sainte, qui, après avoir été comblée de faveurs insignes extases, esprit de prophétie, grâce de p nétration des cœurs, apparition de plusieurs saints, entretien avec les anges, conversations intimes avec son Sauveur, reçut de ce Dieu bien-aimé l'annonce de sa mort prochaine et de son départ pour le ciel où elle devait être placée parmi les Vierges. Admirons avec quel soin elle se prépare à ce passage terrible pour les pécheurs, mais si doux et si désiré par elle, recevant avec une foi vive et pénétrée de douleur une dernière absolution de ses péchés et le sacrement de l'Extrême-Onction. Elle demande, à tous ceux qui l'entourent, pardon de ses scandales, les prie de s'unir à elle pour remercier le Seigneur de sa divine miséricorde et leur donne ce conseil si salutaire : « Mes enfants, la « voie du salut est facile, aimez Notre-« Seigneur Jésus-Christ ». Puis elle reçoit le Viatique sacré et s'envole au ciel le sourire sur les lèvres et la figure rayonnante, accompagnée de la Vierge Immaculée, d'esprits célestes et d'un grand nombre d'âmes délivrées du purgatoire à cette occasion.

Chrétiens, réjouissons-nous de cette belle et désirable mort. Prenons la résolution, selon les conseils de la Sainte, de travailler à notre salut, en aimant par-dessus toutes choses Notre-Seigneur Jésus-Christ. C'est ainsi que nous mourrons au monde et au péché, et plus tard, si nous sommes fidèles à nos résolutions, nous aurons le bonheur d'aller reioindre dans le ciel l'illustre pénitente de Cortone.

PRIÈRE

3 Pater noster, etc.   3 Notre Père, etc...
3 Ave Maria, etc.   3 Je vous salue, etc.
3 Gloria Patri etc...   3 Gloire au Père, etc.

O sainte Marguerite, qui par vos pénitences et surtout par votre amour pour Jésus-Christ, avez obtenu le don précieux de la béatitude éternelle, jetez des regards favorables sur ceux qui vous implorent. Obtenez-leur la grâce de passer le reste de leur vie dans la pratique de la pénitence chrétienne afin que, vivant entièrement pour Dieu, ils puissent, à l'heure de la mort, aller vous rejoindre dans le ciel. Ainsi soit-il.

RÉPONS, *comme au premier jour.*

LITANIES

DE

SAINTE MARGUERITE

Pour la récitation privée

Seigneur, ayez pitié de nous.
Christ, ayez pitié de nous.
Seigneur, ayez pitié de nous.
Christ, écoutez-nous.
Christ, exaucez-nous.
Père céleste, qui êtes Dieu, ayez pitié de nous.
Fils, rédempteur du monde, qui êtes Dieu,
    ayez pitié de nous.
Esprit-Saint, qui êtes Dieu, ayez pitié de nous.
Trinité sainte, qui êtes un seul Dieu, ayez
    pitié de nous.
Sainte Marie immaculée, refuge des pé-
    cheurs, priez pour nous.
Saint Michel, protecteur de l'Ordre séraphi-
    que, priez pour nous.
Saint Joseph, très digne époux de Marie,
    priez pour nous.
Saint François, fondateur de trois Ordres,
    priez pour nous.
Sainte Marguerite, pénitente du troisième
    ordre, priez pour nous.

Sainte Marguerite, gage de miséricorde, priez pour nous.

Sainte Marguerite, assurance de pardon, priez pour nous.

Sainte Marguerite, fille bien-aimée du Père, priez pour nous.

Sainte Marguerite, épouse chérie du Fils, priez pour nous.

Sainte Marguerite, temple éblouissant du Saint-Esprit, priez pour nous.

Sainte Marguerite enfant privilégiée de Marie, priez pour nous.

Sainte Marguerite, imitatrice fidèle de saint François, priez pour nous.

Sainte Marguerite, protectrice des pécheurs, priez pour nous.

Sainte Marguerite, ressource des désespérés, priez pour nous.

Sainte Marguerite, consolatrice des affligés, priez pour nous.

Sainte Marguerite, mère des pauvres, priez pour nous.

Sainte Marguerite, modèle de pénitence, pour nous.

Sainte Marguerite, fontaine de larmes, priez pour nous.

Sainte Marguerite, fleur d'humilité, priez pour nous.

Sainte Marguerite, vase de componction, priez pour nous.

Sainte Marguerite, fournaise d'amour, priez pour nous.

Sainte Marguerite, trésor de grâces, priez pour nous.

Sainte Margnerite, amante du Calvaire, priez pour nous.

Sainte Marguerite, victime du remords, priez pour nous.

Sainte Marguerite, terreur des démons, priez pour nous.

Sainte Marguerite, amie des Anges, priez pour nous.

Sainte Marguerite, semblable aux prophètes par la connaissance des choses cachées, priez pour nous.

Sainte Marguerite, semblable aux apôtres par la vivacité de votre foi, priez pour nous.

Sainte Marguerite, placée au rang des Vierges dans le ciel, priez pour nous.

Sainte Marguerite, semblable aux Martyrs par la patience, priez pour nous.

Sainte Marguerite, élevée parmi les Séraphins, priez pour nous.

Sainte Marguerite, protégeant tous ceux qui recourent à vous, priez pour nous.

Sainte Marguerite, je vous choisis pour mon avocate, priez pour moi.

Sainte Marguerite, sans vous je me découragerais, priez pour moi.

Sainte Marguerite, je remercie Dieu de vous avoir connue, priez pour moi.

Agneau de Dieu qui avez effacé les péchés de Marguerite, pardonnez-nous, Seigneur.

Agneau de Dieu, qui désirez effacer les nôtres, exaucez-nous, Seigneur.

Agneau de Dieu, qui avez employé Marguerite pour effacer ceux d'un grand nombre, ayez pitié de nous, Seigneur.

v. Priez pour nous, glorieuse et sainte Pénitente,

r. Afin que tous nos péchés nous soient pardonnés.

ORAISON

O Dieu, qui par votre miséricorde, avez retiré votre servante Marguerite, de la voie de perdition, pour la ramener dans le sentier du salut, daignez user envers nous de la même miséricorde, et accordez-nous la grâce de mettre notre gloire à imiter avec ardeur la pénitence de celle dont nous n'avons pas rougi d'imiter les fautes. Nous vous en prions par Jésus-Christ, Notre-Seigneur. Ainsi soit-il.

Paris. — Imp. Téqui, 92, rue de Vaugirard.

FABRIQUE D'ORNEMENTS D'ÉGLISE

FABRY

38, rue St-Sulpice

PARIS

| Chasublerie | | Linge d'église |
| Broderie | | Fleurs, etc. |

Commission. — Exportation